V

DEUXIÈME APPENDICE

A LA

MÉTHODE ÉLÉMENTAIRE D'HARMONIE

DE M. ET Mme ÉMILE CHEVÉ

PAR

Mme ÉMILE CHEVÉ

(NÉE NANINE PARIS)

PARIS

CHEZ L'AUTEUR, RUE DES MARAIS-SAINT-GERMAIN, 18.

—

MARS 1863

SOMMAIRE

DU DEUXIÈME APPENDICE A LA MÉTHODE ÉLÉMENTAIRE D'HARMONIE

DE M. ET Mme ÉMILE CHEVÉ

PAR Mme EMILE CHEVÉ (née NANINE PARIS)

DEUXIÈME APPENDICE

A

LA MÉTHODE ÉLÉMENTAIRE D'HARMONIE

DE M. ET Mme ÉMILE CHEVÉ

PAR

Mme ÉMILE CHEVÉ (née NANINE PARIS)

QUELLE EST LA LOI QU'ON DOIT SUIVRE, POUR INTRODUIRE, DANS L'HARMONIE DES MODES DIATONIQUES, DES DIÈSES ET DES BÉMOLS ÉTRANGERS A CES DEUX MODES?

Une lacune regrettable existe dans tous les traités d'harmonie, le nôtre compris; on lit, dans notre premier volume, page 111, à propos des six agrégations suivantes, données par Reicha, sous les n°s 11, 12 et 13, dans sa classification des accords, page 12 de son *Traité d'harmonie :*

« N° 11.	7	7		N° 12.	7	7		N° 13.	2	2
	6	2			5	2			7	5
	4	6			4	5			4	4
	2	4			2	4			5	7

« Mais comme jusqu'ici les compositeurs font un usage très-
« restreint des accords puisés ailleurs que dans les deux modes dia-
« toniques; comme d'ailleurs, leur nombre est trop limité pour en
« faire une classification, attendons, pour les distribuer en espèces,
« que les compositeurs en aient découvert un nombre plus considé-
« rable. Je dis découvert, car, bien que tous les sons qui constituent
« les modes chromatiques et le mode enharmonique soient parfai-
« tement définis, *personne encore n'a su indiquer la loi qui régit les*
« *accords puisés dans ces trois modes.* (1) »

(1) Voir la note à la fin de cette feuille, *après avoir lu ce qui la précède.*

Nous croyons avoir découvert cette LOI; elle est analogue à celle qui régit, *sous le rapport de la tonalité,* les accords des modes diatoniques, et, comme elle, d'une *simplicité extrême;* nous nous faisons un devoir de la publier aujourd'hui.

.Voici cette loi, qui est par excellence une *loi de tonalité:*

Tout son étranger, introduit dans l'harmonie des modes diatoniques, doit pouvoir se résoudre par degré conjoint sur l'un des sons de l'accord de tonique: *le dièse en montant, le bémol en descendant.*

Démontrons le fait.

Chacun des deux modes diatoniques se compose, on le sait, de *sept sons,* que nous partageons en *deux groupes,* et de la même manière *pour chacun des deux modes d'ut majeur et de la mineur,* ainsi qu'il suit:

MODE MAJEUR D'UT		MODE MINEUR DE LA	
1ᵉʳ GROUPE	2ᵉ GROUPE	1ᵉʳ GROUPE	2ᵉ GROUPE
Accord de quinte de tonique.	Accord de septième de sous-tonique.	Accord de quinte de tonique.	Accord de septième de sous-tonique.

Dans les deux modes, *chacun des sons du deuxième groupe fait sa résolution sur l'un des sons du premier groupe,* ainsi qu'il suit:

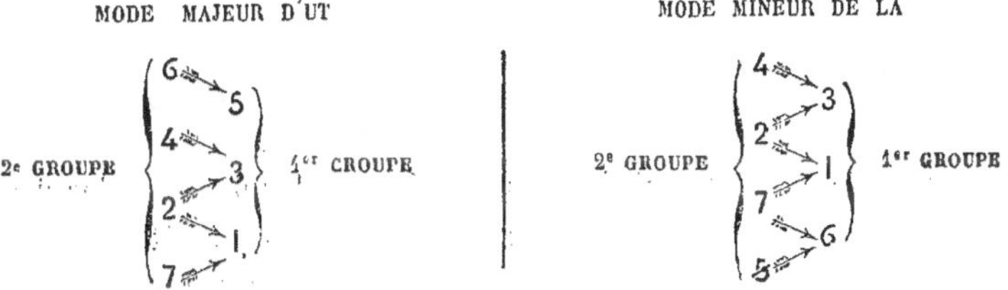

On voit que *chacun des sons étrangers à l'accord de tonique, se résout, par degré conjoint, sur l'un des sons de l'accord de tonique;* de même aussi, et à bien plus forte raison, tout son étranger, introduit dans l'harmonie des modes diatoniques, doit se résoudre par degré conjoint sur l'un des sons de l'accord de tonique; *le dièse en montant, le bémol en descendant.*

Cette loi indiquée, voyons quels sont les dièses et les bémols étrangers qu'on peut introduire dans l'harmonie des modes diatoniques. Nous dirons ensuite, d'après la pratique des maîtres, à quelles conditions est possible cette introduction.

(Tous nos *exemples* s'appliquent au *mode majeur d'ut* et au *mode mineur de la*.)

TABLEAU DES DIÈSES ET DES BÉMOLS ÉTRANGERS QU'ON PEUT INTRODUIRE DANS L'HARMONIE DES MODES DIATONIQUES D'UT MAJEUR ET DE LA MINEUR.

Formule du mode majeur d'ut.

On peut introduire dans l'harmonie du *mode majeur :*

Le BÉMOL de la SUS-DOMINANTE	6→5	Parce qu'ils font tous deux leur RÉSOLUTION SUR LA DOMINANTE.
Le DIÈSE de la SOUS-DOMINANTE	4→5	
Le DIÈSE de la SUS-TONIQUE	2→3	Parce qu'il fait sa RÉSOLUTION SUR LA MÉDIANTE.
Le BÉMOL de la SUS-TONIQUE	2→1	Parce qu'il fait sa RÉSOLUTION SUR LA TONIQUE.

Formule du mode mineur de la.

On peut introduire dans l'harmonie du *mode mineur :*

Le DIÈSE de la SOUS-DOMINANTE	2→3	Parce qu'il fait sa RÉSOLUTION SUR LA DOMINANTE.
Le BÉMOL de la SOUS-DOMINANTE	2→1	Parce qu'il fait sa RÉSOLUTION SUR LA MÉDIANTE.
Le BÉMOL de la SUS-TONIQUE	7→6	Parce qu'ils font tous deux leur RÉSOLUTION SUR LA TONIQUE.
Le DIÈSE de la SOUS-TONIQUE	5→6	

LOI POSITIVE.

On ne peut introduire dans l'harmonie des modes diatoniques, *que les dièses et les bémols étrangers qui font, par degré conjoint, leur résolution sur l'un des sons de l'accord de tonique; le dièse en montant, le bémol en descendant.*

Tout ce qu'on ferait en dehors de cette loi doit être regardé comme exceptionnel, et ne peut être pratiqué avec sûreté que par les maîtres.

FORMULE GÉNÉRALE DES DIÈSES ET DES BÉMOLS ÉTRANGERS QU'ON PEUT INTRODUIRE DANS L'HARMONIE DES DEUX MODES DIATONIQUES D'UT MAJEUR ET DE LA MINEUR.

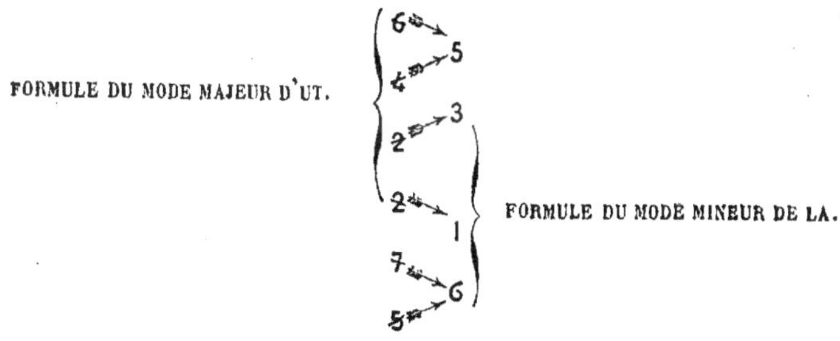

Remarques à faire sur les dièses et les bémols de la formule générale.

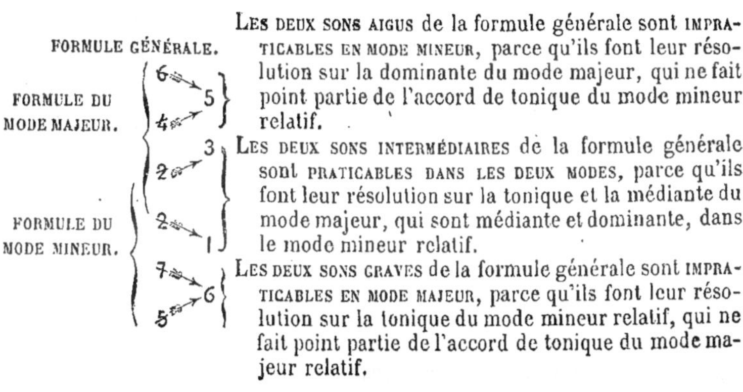

LES DEUX SONS AIGUS de la formule générale sont IMPRATICABLES EN MODE MINEUR, parce qu'ils font leur résolution sur la dominante du mode majeur, qui ne fait point partie de l'accord de tonique du mode mineur relatif.

LES DEUX SONS INTERMÉDIAIRES de la formule générale sont PRATICABLES DANS LES DEUX MODES, parce qu'ils font leur résolution sur la tonique et la médiante du mode majeur, qui sont médiante et dominante, dans le mode mineur relatif.

LES DEUX SONS GRAVES de la formule générale sont IMPRATICABLES EN MODE MAJEUR, parce qu'ils font leur résolution sur la tonique du mode mineur relatif, qui ne fait point partie de l'accord de tonique du mode majeur relatif.

LOI NÉGATIVE.

TABLEAU DES DIÈSES ET DES BÉMOLS ÉTRANGERS IMPRATICABLES DANS L'HARMONIE DES MODES DIATONIQUES D'UT MAJEUR ET DE LA MINEUR.

EXEMPLES :

A. En *mode majeur d'ut.*   **B.** En *mode mineur de la.*

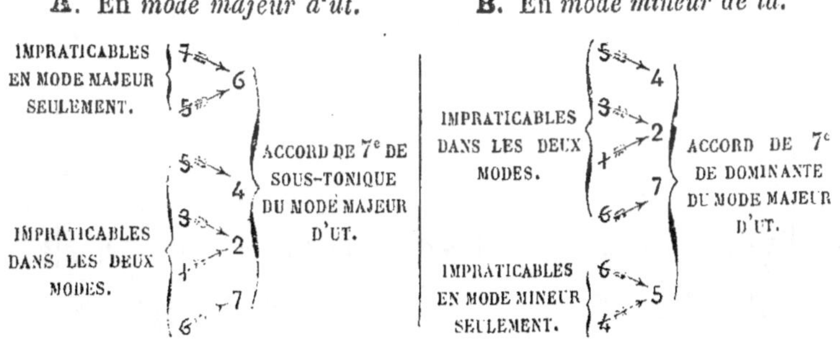

EN RÉSUMÉ NÉGATIF, VOICI LA LOI.

A. On ne peut introduire dans l'harmonie du MODE MAJEUR *ni les dièses ni les bémols étrangers qui font leur résolution sur l'une des notes de l'accord de septième de sous-tonique du mode majeur.*

B. On ne peut introduire dans l'harmonie du MODE MINEUR *ni les dièses ni les bémols étrangers qui font leur résolution sur l'une des notes de l'accord de septième de dominante du mode majeur.*

FORMULE GÉNÉRALE DES DIÈSES ET DES BÉMOLS ÉTRANGERS IMPRATICABLES DANS L'HARMONIE DES MODES DIATONIQUES D'UT MAJEUR ET DE LA MINEUR.

IMPRATICABLES EN MODE MAJEUR SEULEMENT.

Les DIÈSES et les BÉMOLS IMPRATICABLES DANS LES DEUX MODES frappent les notes de l'accord de tonique de chacun des deux modes diatoniques.

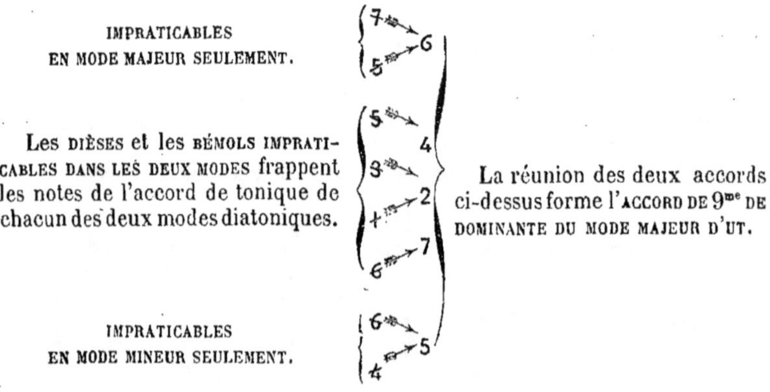

La réunion des deux accords ci-dessus forme l'ACCORD DE 9me DE DOMINANTE DU MODE MAJEUR D'UT.

IMPRATICABLES EN MODE MINEUR SEULEMENT.

FORMULE GÉNÉRALE DES SONS ÉTRANGERS, PRATICABLES DANS CHACUN DES TONS MAJEURS ET DANS LE MINEUR RELATIF DE CHACUN D'EUX.

	Ton de TEU	Ton de JEU	Ton de REU	Ton de LEU	Ton de MEU	Ton de SEU	Ton de FA	Ton D'UT	Ton de SOL	Ton de RÉ	Ton de LA	Ton de MI	Ton de SI	Ton de FÈ	Ton de TÈ
Formules du mode majeur.	6*	3*	7*	4	+	5	2	6	3	7	4	1	5	2	6
	5	2	6	3	7	4	1	5	2	6	3	7	4	+	5
	4	1	5	2	6	3	7	4	+	5	2	6	3	7	4*
	3	7	4	1	5	2	6	3	7	4	+	5	2	6	3
	2	6	3	7	4	+	5	2	6	3	7	4*	+*	5*	2*
Formules du mode mineur.	2*	6*	3*	7*	4	+	5	2	6	3	7	4	1	5	2
	+	5	2	6	3	7	4	1	5	2	6	3	7	4	+
	7*	4	+	5	2	6	3	7	4	1	5	2	6	3	7
	6	3	7	4	1	5	2	6	3	7	4	1	5	2	6
	5	2	6	3	7	4	+	5	2	6	3	7	4*	+*	5*
	LEU	MEU	SEU	FA	UT	SOL	RÉ	LA	MI	SI	FÈ	TÈ	JÈ	RÈ	LÈ

TONS PAR BÉMOLS.   TONS PAR DIÈSES.

** A gauche du 4 tous les bémols sont doubles et indiqués par une étoile.*

** A droite du 7 tous les dièses sont doubles, et indiqués par une étoile.*

CLASSIFICATION DES AGRÉGATIONS DE TIERCES DES MODES CHROMATIQUES ET
DU MODE ENHARMONIQUE.

(Cette classification comprend, depuis les agrégations de quintes jusqu'aux agrégations de treizièmes, inclusivement; et de plus, une série complémentaire qui comprend les quinzièmes diminuées, augmentées et bis-augmentées; elle est appliquée aux modes diatoniques d'ut majeur et de la mineur).

Les agrégations de tierces des modes chromatiques et du mode enharmonique sont, sauf erreur de notre part, au nombre de 2245; *sur ce nombre, 276 seulement sont praticables, sous le rapport de la tonalité*, dans les modes diatoniques d'*ut majeur* et de *la mineur* : les unes en mode majeur d'ut, les autres en mode mineur de la, d'autres enfin dans ces deux modes; le reste, au nombre de 1969, est impraticable dans ces deux modes, sous le rapport de la tonalité.

Nous divisons les agrégations de tierces des modes chromatiques et du mode enharmonique en *deux catégories*, de la manière suivante :

PREMIÈRE CATÉGORIE.

Elle comprend toutes les agrégations praticables, sous le rapport de la tonalité, dans les modes diatoniques *d'ut majeur et de la mineur*. Ces agrégations praticables, au nombre de 276, se partagent, (sauf erreur) entre les deux modes, de la manière suivante :

Agrégations particables sous le rapport de la tonalité,	en mode majeur d'ut	169
	en mode mineur de la	96
	dans les deux modes	11
	Total	276

(Nous donnons ci-dessous, pages 10, 11 et 12, les 276 agrégations praticables dans les modes diatoniques d'ut majeur et de la mineur. Dans cette nomenclature, les agrégations du mode majeur ne sont indiquées par aucun signe; celles du mode mineur sont indiquées, au-dessous, par le signe *; celles qui sont praticables dans les deux modes sont indiquées, au-dessous, par le signe —). Vérifiez, p. 10, 11 et 12.

DEUXIÈME CATÉGORIE.

Elle comprend toutes les *agrégations impraticables, sous le rapport de la tonalité*, dans les modes diatoniques d'ut majeur et de la mineur. Ces agrégations sont, sauf erreur, au nombre de 1969 ; nous nous abstenons de les donner ici.

Chacune des *deux catégories* se divise en *trois classes*, de la manière suivante :

Première classe.

Elle comprend toutes les agrégations qui, ne contenant pas un seul intervalle étranger aux modes diatoniques, sont *caractérisées* par des *sons incompatibles* dans les modes diatoniques.

Deuxième classe.

Elle comprend toutes les *agrégations contenant un ou plusieurs intervalles étrangers aux modes diatoniques; mais dans lesquelles aucun intervalle étranger n'a pour base la note fondamentale* de l'agrégation.

Troisième classe.

Elle comprend toutes les *agrégations dans lesquelles un ou plusieurs intervalles étrangers aux modes diatoniques, ont pour base la note fondamentale* de l'agrégation.

A QUELLES CONDITIONS IL EST PERMIS D'INTRODUIRE DANS L'HARMONIE DES MODES DIATONIQUES DES SONS ET DES INTERVALLES ÉTRANGERS A CES DEUX MODES.

1° *Tout son étranger,* introduit dans l'harmonie des modes diatoniques, *doit pouvoir se résoudre,* par degré conjoint, *sur l'un des sons de l'accord de tonique. (Loi de tonalité.)*

2° *Les deux termes* de tout intervalle étranger introduit dans l'harmonie des modes diatoniques, *doivent pouvoir se résoudre ensemble, par mouvement contraire, sur l'un des sons de l'accord de tonique. (Loi de tonalité* et *loi du mouvement des parties.)*

3° *Les tierces étrangères* aux modes diatoniques *doivent subir la troisième modification (interversion),* c'est-à-dire la transformation de la tierce diminuée en sixte augmentée, et celle de la tierce augmentée en sixte diminuée. *(Loi d'interversion.)*

4° *Tout son, ou tout intervalle étranger,* introduit dans l'harmonie des modes diatoniques, *ne doit pas être de longue durée,* ni se trouver au commencement d'un temps et surtout d'une mesure.

Ce sont là des règles générales ; tout ce qui se ferait en dehors doit être regardé comme exceptionnel, et ne peut être pratiqué avec sûreté que par les maîtres.

LA LOI NOUVELLE ET LES RÈGLES INDIQUÉES PAR NOUS SONT-ELLES CONFORMES A LA PRATIQUE DES MAITRES ?

Cette loi et ces règles sont conformes à la pratique des maîtres ; les agrégations n° 11, n° 12 et n° 13 de Reicha le prouvent de la manière la plus évidente ;

Ces agrégations sont conformes :

1° A la *loi de tonalité* ;

2° A la *règle du mouvement des parties* ;

3° A la *règle d'interversion* pour les tierces étrangères aux modes diatoniques.

EXEMPLE :

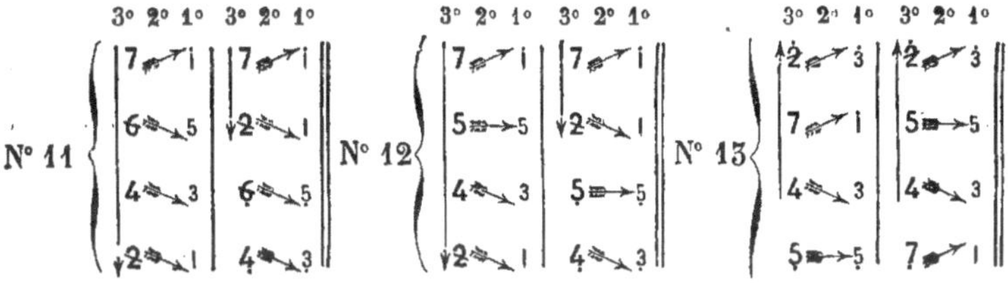

N° 11   N° 12   N° 13

Analysons les six agrégations de Reicha, pour voir d'où elles dérivent et pour découvrir les moyens qu'il emploie pour les mettre en pratique.

Analyse des six agrégations de Reicha, qui toutes appartiennent aux modes chromatiques.

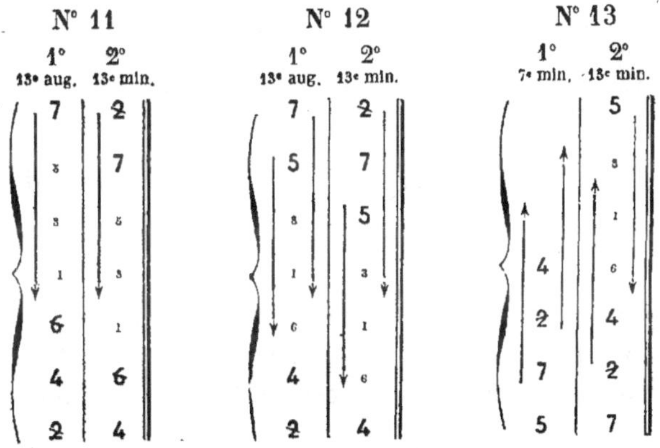

N° 11   N° 12   N° 13

1° 13ᵉ aug.   2° 13ᵉ min.   1° 13ᵉ aug.   2° 13ᵉ min.   1° 7ᵉ min.   2° 13ᵉ min.

N° 11
> Le 1° dérive d'une agrégation de *treizième augmentée*, dont *Reicha supprime les trois derniers sons intermédiaires, et prend à l'octave inférieure le son aigu.* (Vérifiez ci-dessus.)
> Le 2° dérive d'une agrégation de *treizième mineure*, dont *Reicha supprime les trois sons intermédiaires du milieu, et prend à l'octave inférieure le son aigu.* (Vérifiez ci-dessus.)

N° 12
> Le 1° dérive d'une agrégation de *treizième augmentée*, dont *Reicha supprime les trois sons intermédiaires du milieu, et prend à l'octave inférieure les deux sons aigus.* (Vérifiez ci-dessus.)
> Le 2° dérive d'une agrégation de *treizième mineure*, dont *Reicha supprime les trois premiers sons intermédiaires, et prend à l'octave inférieure la neuvième et la treizième de l'agrégation.* (Vérifiez ci-dessus.)

N° 13
> Le 1° dérive d'une agrégation de *septième mineure*, dont *Reicha prend les deux sons intermédiaires à l'octave supérieure.* (Vérifiez ci-dessus,)
> Le 2° dérive d'une agrégation de *treizième mineure*, dont *Reicha supprime les trois derniers sons intermédiaires, et prend, à l'octave supérieure, la tierce de l'agrégation, et à l'octave inférieure le son aigu.* (Vérifiez ci-dessus.)

L'analyse des six agrégations de Reicha suffit pour nous indiquer les différents moyens de mettre en pratique toutes les agrégations des modes chromatiques et du mode enharmonique, praticables, selon la loi de tonalité, dans les modes types d'ut majeur et de la mineur.

CLASSIFICATION ET NOMENCLATURE DE TOUTES LES AGRÉGATIONS DE TIERCES DES MODES CHROMATIQUES ET DU MODE ENHARMONIQUE, PRATICABLES, SELON LA LOI DE TONALITÉ, DANS LES MODES DIATONIQUES D'UT MAJEUR ET DE LA MINEUR.

Cette classification comprend depuis les agrégations de quintes jusqu'à celles de treizième, inclusivement.

SÉRIE A.

Les agrégations de la série A, ne contenant pas un seul intervalle étranger aux modes diatoniques, *sont toutes de première classe, elles sont caractérisées par des sons incompatibles* dans les modes diatoniques.

Dans la série A, *les sons incompatibles, en mode majeur,* sont indiqués, *à gauche*, par le signe suivant : =; *en mode mineur*, ils sont indiqués *à droite*.

Dans les autres séries, *les intervalles diminués* sont indiqués, *à gauche*, par une accolade qui réunit leurs deux termes; *les intervalles augmentés* sont indiqués, *à droite*, de la même manière.

PREMIÈRE CLASSE. — Échelle typique.

=6=	1	=3=	5	=7	2	4
4	=66=	1	=33=	55	=772	22 5
2	44	=6=	11	=333=	557	=777332
=7	22	4	=66=	111	=335=	555117
5	=77	2	44	=666=	113	=333665=
=3=	55	=7	22	444	=661=	111443
1	=33=	5	=77	222	446	=666221=
					*	*

SÉRIES B.

Les agrégations des séries B sont caractérisées par la tierce diminuée, ou par son renversement, la treizième augmentée.

Série B.

DEUXIÈME CLASSE / TROISIÈME CLASSE — Échelles typiques. (Dans chaque groupe, les nombres imprimés sur une seule ligne, réunis par une accolade, sont placés ici dans la colonne de gauche du groupe.)

	4	1	6	3	1	5	3	7	5	2	
26	4	1	6	3	1	5	3	7	5	2	74
74	2266		44	11	66	33	11	55	33	77	52
52	7744		222666		444	111	666	333	111	555	37
37	5522		777444		22226666		4444	1111	6666	3333	15
15	3377		555222		77774444		2222266666		44444	11111	63
63	1155		333777		55552222		7777744444		2222266666		41
41	6633		111555		33337777		5555522222		7777744444		26

Série B bis.

DEUXIÈME CLASSE / TROISIÈME CLASSE — Échelles typiques.

	4	6	6	1	1	3	3	5	5	7	
24	4	6	6	1	1	3	3	5	5	7	72
72	22	44	4	66	66	11	11	33	33	55	57
57	77	22	2	444	44	666	666	111	111	333	35
35	55	77	7	222	22	4444	444	6666	6666	1111	13
13	33	55	5	777	77	2222	222	44444	4444	66666	61
61	11	33	3	555	55	7777	777	22222	2222	44444	46
46	66	11	1	333	33	5555	555	77777	7777	22222	24
	**		***		****		*———		**———		

Série B ter.

Échelles typiques.

DEUXIÈME CLASSE. / TROISIÈME CLASSE.

7 4	2 6	4 1	6 3	1 5	3	7	5 2
5 2	77 44	22 66	44 11	66 3	11	55	3 7
3 7	55 22	777 444	222 666	444 1	666	33	1 5
1 5	33 77	555 222	7777 4444	2222 6	4444	11	6 3
6 3	11 55	333 777	5555 2222	77777 4	22222 66		4 1
4 1	66 33	111 555	3333 7777	55555 2	77777 44		2 6
2 6	44 11	666 333	1111 5555	33333 7	55555 22		7 4
*	**	***	****	*****	*****		

SÉRIES C.

Les agrégations des séries C sont caractérisées par la tierce augmentée, ou par son renversement, la treizième diminuée.

Série C.

Échelle typique.

DEUXIÈME CLASSE. / TROISIÈME CLASSE.

4	6	1	3	5	7	2
2	44	66	11	33	55	7
7	22	444	666	111	333	5
5	77	222	4444	6666	1111	3
3	55	777	2222	44444	66666	1
1	33	555	7777	22222	44444	6
6	11	333	5555	77777	22222	4

Série C bis.

Échelle typique.

DEUXIÈME CLASSE. / TROISIÈME CLASSE.

6	1	3	5	7	2	4
4	6	11	33	55	7	2
2	4	666	111	333	5	7
7	2	444	6666	1111	3	5
5	7	222	4444	66666	1	3
3	5	777	2222	44444	6	1
1	3	555	7777	22222	4	6

Série C ter.

Échelles typiques.

DEUXIÈME CLASSE. / TROISIÈME CLASSE.

4	6	1	3	5	7	2
2 2	4 4	6 6	1 1	3 3	5	7
7 7	2 2 2	4 4 4	6 6 6	1 1 1	3	5
5 5	7 7 7	2 2 2 2	4 4 4 4	6 6 6 6	1	3
3 3	5 5 5	7 7 7 7	2 2 2 2 2	4 4 4 4	6	1
1 1	3 3 3	5 5 5 5	7 7 7 7 7	2 2 2 2 2	4	6
6 6	1 1 1	3 3 3 3	5 5 5 5 5	7 7 7 7 7	2	4
**	***	****	*****	******	*	

SÉRIES D.

*Les agrégations des séries D sont caractérisées par la quinte dimi-
nuée, ou par son renversement, la onzième augmentée.*

Série D.

Échelles typiques.

DEUXIÈME CLASSE. / TROISIÈME CLASSE.

2 6	4 1	6 3	1 5	3 7	5 2	7 4
7 4	2266	44 1	66 33	11 55	3 7	5522
5 2	7744	222666	444 111	666 333	1 5	3377
3 7	5522	777444	22226666	4444 1111	6 3	1155
1 5	3377	555222	77774444	2222266666	4 1	6633
6 3	1155	333777	55552222	7777744444	2 6	4411
4 1	6633	111555	33337777	5555522222	7 4	2266
*	**	***	****	*****		**

Série D bis.

Échelles typiques.

DEUXIÈME CLASSE. / TROISIÈME CLASSE.

2 6	4 1	6 3	1 5	3 7	5 2	7 4
7 4	2266	44 11	66 33	11 55	3 7	5 2
5 2	7744	222666	444 111	666 333	1 5	3 7
3 7	5522	777444	22226666	4444 1111	6 3	1 5
1 5	3377	555222	77774444	2222266666	4 1	6 3
6 3	1155	333777	55552222	7777744444	2 6	4 1
4 1	6633	111555	33337777	5555522222	7 4	2 6
*	**	***	****	*****		*

SÉRIE COMPLÉMENTAIRE.

On lit dans l'*Esthétique musicale* de M. Durutte, page 105, § 53.

« On rencontre *fréquemment l'altération ascendante de l'octave,*
« dans l'accord parfait majeur, porté à quatre parties, par le redou-
« blement de la note fondamentale de l'accord. CHORON cite un
« exemple du célèbre EMMANUEL BACH ; un exemple plus connu est
« le début de l'Allegro de l'ouverture de *Don Juan*, ou MOZART a
« présenté l'agrégation altérée que nous avons en vue, à *trois parties*
« seulement, en supprimant la quinte du 1er degré de *ré majeur.* »

EXEMPLE :

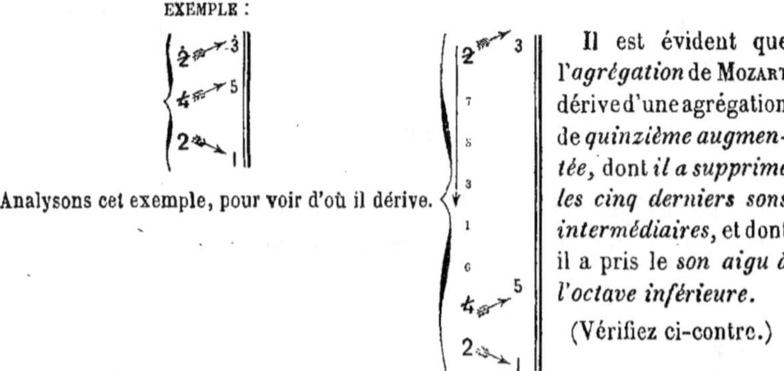

Analysons cet exemple, pour voir d'où il dérive.

Il est évident que l'*agrégation* de MOZART dérive d'une agrégation de *quinzième augmentée,* dont *il a supprimé les cinq derniers sons intermédiaires,* et dont il a pris le *son aigu à l'octave inférieure.*

(Vérifiez ci-contre.)

Toutes les agrégations ci-dessous étant conformes à la loi de tonalité sont praticables ; nous les donnons ici, sous le titre de *Séries complémentaires,* pour terminer notre classification des agrégations étrangères, praticables dans les modes d'ut majeur et de la mineur.

Séries E complémentaires.

Elles sont caractérisées par l'octave diminuée, l'octave augmentée, l'octave bis-augmentée, et sont toutes de *troisième classe.*

E. Octaves diminuées.		E bis. Octaves augmentées.												E ter. Octaves bis-augmentées.		
4	2	2	2	7	7	4	4	4	4	2	2	2	2	2	2	2
2	7	7	7	5	5	2	2	2	2	7	7	7	7	7	7	7
7	5	5	5	3	3	7	7	7	7	5	5	5	5	5	5	5
5	3	3	3	1	1	5	5	5	5	3	3	3	3	3	3	3
3	1	1	1	6	6	3	3	3	3	1	1	1	1	1	1	1
1	6	6	6	4	4	1	1	1	1	6	6	6	6	6	6	6
6	4	4	4	2	2	6	6	6	6	4	4	4	4	4	4	4
4	2	2	2	7*	7*	4	4	4	4	2	2	2	2*	2	2	2*

NOTE

Sur la LOI SUPRÊME *de création des accords, créée à priori, par M. le comte Camille Durutte.*

Notre *Traité d'harmonie* a été publié en mars 1846. Depuis, en 1855, M. le comte Camille Durutte, d'Ypres, compositeur, ancien élève de l'École polytechnique, membre de l'Académie impériale de Metz, a publié, à Metz, un livre sous le titre suivant :

Esthétique musicale. — Technie, ou lois générales du système harmonique.

Nous avons étudié ce livre, dans l'espoir d'y trouver la loi qu'on doit suivre, pour introduire dans l'harmonie des modes diatoniques, des dièses et des bémols étrangers à ces deux modes.

Notre déception a été grande, en trouvant dans ce livre, au lieu d'une *loi de tonalité,* que nous y cherchions, une *loi de forme;* car la LOI SUPRÊME (ainsi la nomme son auteur) créée (*à priori !!!*) par M. Durutte, ne se rapporte qu'à la forme des accords et nullement à leur tonalité. Nous ne voulons pas, ici, entrer dans le détail de tout ce que nous avons trouvé d'illogique dans le système de M. Durutte; nous donnons seulement aujourd'hui le résumé général et comparatif des faits, *selon la* LOI SUPRÊME *créée, à priori, par M. Durutte, et selon la loi de tonalité, découverte par nous, d'après la pratique des maîtres.*

Les détails seront publiés plus tard, s'il y a lieu de le faire.

Résumé général et comparatif des faits, selon la loi de forme et selon la loi de tonalité.

PREMIÈRE CLASSE.

Les agrégations de la première classe sont au nombre de. 204

Toutes sont conformes à la LOI SUPRÊME de M. Durutte, *dans toute sa simplicité* [1]. Sur ce nombre de 204, M. Durutte en proscrit . . . 24, parcequ'elles contiennent le 5 (seul son de la gamme enharmonique, proscrit par ——
M. Durutte); il reste donc. . . . . 180 agrégations
de première classe, qui toutes, selon la LOI SUPRÊME de M. Durutte, sont de *véritables accords, praticables dans le mode majeur d'ut.*

Selon la *loi de tonalité,* sur ce nombre de 180, ... 18 agrégations,
seulement, sont *praticables dans les modes diatoniques d'ut majeur, ou* ——
de la mineur (16 en mode majeur et 2 en mode mineur); il reste donc 162 agrégations
de première classe, qui, *impraticables, selon la loi de tonalité,* dans les modes diatoniques d'ut majeur et de la mineur, sont, selon la LOI SUPRÊME de M. Durutte, de *véritables accords praticables dans le mode majeur d'ut.*

DEUXIÈME CLASSE.

Les agrégations de la deuxième classe sont au nombre de 936

Toutes sont conformes à la LOI SUPRÊME, *doublement modifiée* [2] par M. Durutte, lui-même. Sur ce nombre de 936 agrégations, M. Durutte proscrit seulement celles qui contiennent le 5, au nombre de. . . . 183
il reste donc . . . . 753 agrégations
de deuxième classe, qui, toutes, selon la LOI SUPRÊME, *doublement modifiée* par M. Durutte, lui-même, sont de *véritables accords, praticables dans le mode majeur d'ut.* Sur ce nombre de 753, ... 145 agrégations,
seulement, sont *praticables, selon la loi de tonalité, dans les modes diatoniques d'ut majeur ou de la mineur* (86 en mode majeur, 55 en ——
mode mineur et 4 dans ces deux modes); il reste donc. . . . . . . 608 agrégations

---

[1] Voici la LOI SUPRÊME dans toute sa simplicité; selon M. Durutte, son auteur :
« Toute *agrégation de tierces,* dont on peut, en *partant du terme grave* de chacune des
« tierces, trouver sur l'échelle des quintes, le *terme aigu* des tierces majeures *en mon-*
« *tant,* et le *terme aigu* des tierces mineures *en descendant,* est un *véritable accord.* »

[2] Pour rendre sa LOI SUPRÊME conforme aux agrégations n° 12 et n° 13 de Reicha, qu'il ne pouvait pas laisser en dehors de sa classification, M. Durutte s'est vu forcé de faire subir à sa LOI SUPRÊME une double modification : 1° celle du *retour à la fondamentale,* nécessaire pour l'évaluation des tierces (modification qui est cause de la multiplicité des tierces dans le système de M. Durutte); 2° celle des *notes nulles,* conséquences de la première.

de deuxième classe, *impraticables, selon la loi de tonalité*, dans les modes diatoniques d'ut majeur et de la mineur, qui, toutes, selon la LOI SUPRÊME, *doublement modifiée* par M. Durutte, lui-même, *sont de véritables accords praticables dans le mode majeur d'ut.*

TROISIÈME CLASSE.

Les agrégations de tierces de la troisième classe sont au nombre de   **840**

Toutes sont conformes à la LOI SUPRÊME, *triplement modifiée*[1] par M. Durutte, lui même, et toutes sont proscrites par M. Durutte, *excepté une seule*, l'agrégation n° 11 de Reicha. Sur ce nombre de 840 agrégations de troisième classe, dont 839 sont proscrites par M. Durutte . . . .   **96**   agrégations sont *praticables, selon la loi de tonalité*, dans les modes diatoniques d'ut majeur ou de la mineur (53 en mode majeur, 36 en mode mineur et 7 dans ces deux modes); il ne reste donc, au lieu de 839, que   **744**   agrégations de troisième classe, *impraticables, selon la loi de tonalité*, dans les modes diatoniques d'ut majeur et de la mineur.

On voit que la *loi de tonalité, bien moins large* que la LOI SUPRÊME de M. Durutte, pour la première classe et pour la deuxième, est, pour la troisième classe, *beaucoup plus large* que la LOI SUPRÊME.

SÉRIE COMPLÉMENTAIRE.

SINGULIÈRE RAISON, *donnée par M. Durutte, pour prouver que les agrégations de la série complémentaire, qui, toutes, au nombre de 236, sont conformes à sa* LOI SUPRÊME *dans sa simplicité primitive, ne sont pas de véritables accords.*

M. Durutte dit (page 105 de sa *Technie*, § 53): « On rencontre FRÉQUEMMENT *l'altération* « *ascendante de l'octave de l'accord parfait majeur, porté à quatre parties par le redouble-* « *ment de la note fondamentale de l'accord.* CHORON cite un exemple du célèbre EMMANUEL « BACH; un exemple plus connu est le début de l'Allegro de l'ouverture de *Don Juan*, « où MOZART a présenté l'agrégation altérée que nous avons en vue, à trois parties seu- « lement, en supprimant la quinte du premier degré de ré majeur. »

EXEMPLE : 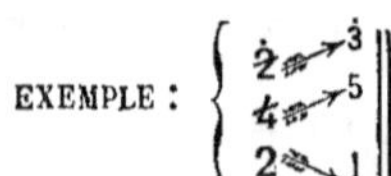

On croirait ici que M. Durutte accepte ces agrégations, qu'on rencontre *fréquemment*, qui sont employés par EMMANUEL BACH et MOZART, et qu'il les donnera pour de *véritables accords*, lui, si tolérant sur ce point! Il continue ainsi : « Suivant la position de la note « altérée par rapport à la fondamentale de l'accord, il en résulte un intervalle d'octave « augmentée ou diminuée; mais cet intervalle ne fait partie d'aucun *véritable accord*[2],

---

[1] Pour rendre sa LOI SUPRÊME conforme à l'agrégation n° 11 de Reicha, qu'il ne pouvait pas non plus laisser en dehors de sa classification, M. Durutte s'est encore vu forcé de faire subir à sa LOI SUPRÊME une *troisième et dernière modification*, en donnant à l'agrégation n° 11 de Reicha une *fondamentale fictive*, nécessaire pour l'évaluation des tierces.

[2] M. Durutte, qui ne craint pas de donner comme un *véritable accord, praticable dans le mode majeur d'ut*, l'agrégation « E XVII 5   7 2 4 6 1 3 » agrégation qui contient *cinq intervalles étrangers* aux modes diatoniques, peut-il refuser ce titre à l'agrégation employée par MOZART, agrégation qui ne contient qu'*un seul intervalle étranger* aux modes diatoniques, et qui, de plus, est parfaitement conforme à sa LOI SUPRÊME, dans sa simplicité primitive? M. Durutte est, assurément, le seul qui n'ait pas ce droit-là.

Pour quelle raison M. Durutte a-t-il laissé en dehors de sa classification les agrégations de la série complémentaire? Nous n'en voyons pas d'autre que le très-grand nombre des types de cette série, qui déjà, pour la première classe seulement, la seule que nous ayons analysée, sont au nombre de 34, produisant 236 agrégations!

« et appartient à la classe des *combinaisons purement contingentes* que [nous avons
« signalées plus haut. » Voici le plus curieux. « Il faut, en effet, au moins *sept tierces*
« *véritables* [1] pour faire l'évaluation du seul intervalle d'octave augmentée, ce qui sup-
« pose un *accord composé de huit sons.* Exemple : | 3 5 7 2 4 6 ✝ »

Il faut aussi *sept tierces véritables* pour évaluer l'agrégation de quinzième
| 3 5 7 2 4 6 |; M. Durutte conclut-il de là que cette agrégation de
quinzième n'est pas un véritable accord ?

M. Durutte a-t-il créé a priori sa loi suprême ?

Rapprochement curieux. Toutes les agrégations de la *deuxième classe sont conformes à la* loi suprême, *dou-blement modifiée* par M. Durutte, lui-même. M. Durutte accepte, au nombre de 753, toutes celles des agrégations de cette classe qui ne contiennent pas le *sol bémol.*
Toutes les agrégations de la *troisième classe sont aussi conformes à la* loi suprême, *triplement modifiée* par M. Durutte, lui-même. M. Durutte les proscrit toutes, *excepté une seule,* l'agrégation n° 11 de Reicha.

Ce dernier fait prouve, d'une manière évidente, que la troisième et dernière modifi-cation n'a été imposée par M. Durutte à sa loi suprême, que dans le but unique de rattacher à sa classification l'agrégation n° 11 de Reicha ; l'adoption, par lui, de cette seule agrégation n° 11 de Reicha, lorsqu'il en existe, dans la troisième classe, 545 autres (abstraction faite des 294 qui contiennent le 5), analogues par la forme à l'agrégation n° 11 de Reicha, et conformes, comme elle, à la loi suprême, *triplement modifiée* par M. Durutte, lui-même, ne peut laisser aucun doute à cet égard.

Cette adoption, dans la troisième classe, de la seule agrégation n° 11 de Reicha, est, pour nous, la preuve la plus évidente de l'erreur dans laquelle est tombé M. Durutte, lorsqu'il a cru avoir créé *à priori* sa loi suprême. Cette loi suprême a évidemment été créée, par lui, d'après l'observation de faits connus.

Ayant retrouvé, dans la *Technie* de M. Durutte, publiée en 1855, la classification des accords des modes diatoniques d'ut majeur et de la mineur, publiée par nous en mars 1846, dans notre *Méthode élémentaire d'harmonie;* nous avons aussi quelque raison de penser que cette classification peut n'être pas étrangère à la création de la loi su-prême de M. Durutte. Après cette découverte, nous avons eu lieu de nous étonner, trouvant dans le livre de M. Durutte, le nom de tous les harmonistes, *passés et présents,* de n'y pas rencontrer aussi le nôtre ; mais nous sommes depuis longtemps accoutumés à ces sortes d'oubli [2].

POURQUOI M. DURUTTE, QUI ACCEPTE TOUTES LES AGRÉGATIONS DE LA DEUXIÈME CLASSE
(*excepté celles qui contiennent le sol bémol*) N'ACCEPTE QU'UNE SEULE DES AGRÉGATIONS
DE LA TROISIÈME CLASSE ?

M. Durutte avait une raison très-grave pour agir comme il l'a fait :
Toutes les agrégations de tierces des modes chromatiques et du mode enharmonique,

---

[1] Les harmonistes avaient déjà des *quintes cachées !* des *octaves cachées !* ils ont de plus, maintenant, grâce à M. Durutte, des *tierces cachées !*

[2] Aujourd'hui encore, M. RAHN, professe en public, *sans nous nommer, sous son propre nom,* des idées qu'il a puisées dans notre *Méthode élémentaire de piano* et dans notre *Méthode élémentaire d'harmonie;* cet aveu a, un jour, été reçu de M. Rahn, par un haut fonctionnaire de l'Instruction publique, qui s'étonnait, à bon droit, d'entendre émettre par M. Rahn, comme lui appartenant en propre, des idées professées dès longtemps en public par M. Chevé, et consignées dans nos livres, beaucoup d'années avant le profes-sorat de M. Rahn !
Ceci me rappelle la réponse faite, à une réclamation confidentielle de M. Chevé, par un monsieur qui publiait aussi, *sous son propre nom,* les *idées* et les *exercices* qu'il avait puisés dans nos livres. Ce monsieur répondait à M. Chevé : « Il est vrai que j'ai pris telle
« chose chez vous, telle chose chez un autre et telle chose chez un autre encore ; mais,
« *mon œuvre n'en est pas moins mienne.* » D'accord, mais ce monsieur aurait bien pu nommer les différents auteurs dont les idées lui avaient servi à *confectionner le salmi-gondis* qu'il offrait au public.

rentrant dans les *trois classes* que nous avons analysées, si M. Durutte eût accepté, en vertu de sa LOI SUPRÊME *triplement modifiée*, les agrégations de la troisième classe, autres que l'agrégation n° 11 de Reicha, on pourrait, en vertu de cette même LOI SUPRÊME, *triplement modifiée*, justifier toute espèce d'agrégations de tierces des modes chromatiques et du mode enharmonique, et toutes seraient, selon cette LOI SUPRÊME, *triplement modifiée*, de *véritables accords praticables dans le mode majeur d'ut ;* ce qui serait ABSURDE, comme le dit lui-même M. Durutte.

C'est donc pour masquer, de son mieux, *le défaut de sa cuirasse,* que M. Durutte s'est vu forcé de sacrifier *arbitrairement,* en dépit de sa loi, 545 agrégations de la troisième classe, conformes à sa LOI SUPRÊME, *triplement modifiée* par lui-même.

LA CONCLUSION inévitable de tout ce qui précède est, selon nous, que la LOI SUPRÊME DE CRÉATION DES ACCORDS, *loi créée à priori,* dit M. Durutte, est, même dans sa simplicité primitive, une LOI ABSURDE, pour répéter l'expression énergique de M. Durutte.

Nous croyons avoir fait une action utile, en dévoilant un système qui, selon nous, est faux, et surtout dangereux par le langage scientifique dans lequel il est exposé par son auteur.

Paris, mars 1863.

NANINE CHEVÉ, née PARIS.

Paris, imp. de L. TINTERLIN, rue Neuve-des-Bons-Enfants, 3.